Gestion & Marketing | numéro **20**

LE TABLEAU DE BORD PROSPECTIF
ET LES 4 PILIERS D'UNE ORGANISATION

Quels signaux prendre
en compte pour
une gestion efficace ?

par Alice Sanna

50MINUTES

Avec la collaboration d'Amicie de Quatrebarbes

50MINUTES

DEVENEZ UN PRO
EN BUSINESS !

50MINUTES
Gestion & Marketing | numéro 9
LA PYRAMIDE DES BESOINS
DE MASLOW
Pourquoi faut-il comprendre
les besoins du client ?

Besoins de reconnaissance
Besoins d'appartenance
Besoins de sécurité
Besoins physiologiques

La matrice SWOT

La théorie des jeux

Adam Smith

La règle des 80/20

Le freemium

www.50minutes.com

LE TABLEAU DE BORD PROSPECTIF

DONNÉES-CLÉS

- **Dénomination(s) ?** *Balanced scorecard* (BSC), tableau de bord prospectif (TBP), tableau de bord équilibré
- **Usage(s) ?** Le *balanced scorecard* aide à faire le lien entre les objectifs à long terme d'une entreprise et ses activités journalières. Il s'agit donc d'un outil d'aide à la réflexion stratégique qui permet de l'adapter en tenant compte de son approche globale
- **Raison(s) de son efficacité ?** Le *balanced scorecard* offre aux managers, aux employés ainsi qu'aux actionnaires une vision transversale globale de l'entreprise (basée sur les aspects tant financiers que non financiers). Le tableau de bord prospectif clarifie les objectifs à court et à long terme et les stratégies, en plus d'assurer une cohérence entre les activités quotidiennes et la vision globale de l'entreprise
- **Mots-clés ?**
  - Indicateur : information qualitative ou quantitative qui rend compte de la variation d'une variable (économique, financière, etc.) relative à un moment donné
    - L'indicateur de moyen calcule les ressources qui ont été ou seront nécessaires pour l'exécution d'un objectif
    - L'indicateur de résultat permet de mesurer les performances de l'entreprise à proprement parler
  - Performance : la capacité d'une entreprise à atteindre ses objectifs suivant l'utilisation de moyens adéquats aux moindres coûts
  - Variable : élément qui peut prendre différentes valeurs en fonction de l'ensemble/environnement dans lequel il évolue

INTRODUCTION

Historique et contexte

Avant les années quatre-vingt-dix déjà, les entreprises possèdent des tableaux de bord budgétaires et financiers. Cependant, ceux-ci, qui ont avant tout été développés par des sociétés de *trading* et des entreprises industrielles, sont souvent basés sur des informations statiques passées et ne tiennent pas compte de l'importance des indicateurs opérationnels, clients et humains. David P. Norton (né en 1941), cofondateur de la société de conseil en stratégie informatique *Nolan, Norton & Company*, et Robert S. Kaplan (né en 1940), professeur à la *Harvard Business School*, ont alors élaboré le *balanced scorecard* (BSC), également appelé tableau de bord prospectif (TBP), pour pallier cette problématique. Officiellement, cet outil alliant stratégie et management est créé en 1992 lors de la publication de l'article « The Balanced Scorecard. The Measure That Drive Performance » par les deux économistes américains dans la *Harvard Business Review*.

Il s'agit en réalité d'un résumé des conclusions issues d'une étude – longue de 12 mois et menée au sein de plusieurs entreprises – se focalisant sur les moyens dont disposent les managers pour mesurer les performances futures de leurs sociétés. L'idée du projet de Norton et Kaplan apparaît lorsqu'est constaté le décalage entre les systèmes traditionnels de mesure de la performance, fondés sur des indicateurs uniquement financiers, et les besoins des entreprises modernes.

Définition du modèle

Le TBP est un tableau de bord qui offre une vision globale des objectifs et de la stratégie d'une entreprise, à court et à long terme, grâce à la mise en place d'une série d'indicateurs de performance. Ceux-ci quantifient et mesurent les projets et les missions de la société. L'élément innovant de cet outil de pilotage réside dans une analyse reposant sur quatre dimensions :

- **le point de vue financier.** Quelles sont les attentes des action-naires de l'entreprise ?
- **la dimension humaine,** qui comprend les clients, les partenaires et les parties prenantes. Pour atteindre ses objectifs, comment l'entreprise doit-elle être perçue ?
- **les processus organisationnels internes.** Quels sont les pro-cessus organisationnels qui doivent être mis en place pour que l'entreprise puisse exceller ?
- **la dimension apprentissage, croissance et innovation.** Comment l'entreprise va-t-elle soutenir sa capacité de change-ment et d'innovation ?

THÉORIE – PRÉSENTATION DU CONCEPT

Au début des années quatre-vingt, notre civilisation bascule de l'ère industrielle à celle de l'information. Les entreprises doivent désormais s'imposer sur un marché de plus en plus globalisé dans lequel la satisfaction de la clientèle représente un avantage compétitif considérable. Ce changement bouleverse fondamentalement la manière de gérer une société.

Désormais, il devient difficile de compter sur un système de management uniquement basé sur des mesures d'évaluation économiques et financières. Les outils budgétaires jusqu'alors utilisés ne suffisent plus puisque certaines dimensions sont négligées : les objectifs commerciaux, ceux liés à la production et enfin les ressources humaines.

Kaplan et Norton proposent donc un outil de pilotage automatique reprenant les dimensions essentielles. Chacune de celles-ci possède ses propres objectifs avec ses indicateurs de performance qui mettent en relief les points critiques au cours desquels les entreprises doivent intervenir pour pouvoir anticiper le déclin. Le TBP met en place un équilibre qui permet d'intégrer et de balancer les différents indicateurs.

Dans leur ouvrage *Le Tableau de bord prospectif* (1998), les économistes établissent un rapprochement entre le TBP et le système de pilotage d'un avion. Dans leur exemple, ils évoquent un scénario catastrophe : en plein vol, un aviateur ne se concentre que sur la vitesse du vent, négligeant par là le niveau du carburant ou encore l'altitude de l'engin. L'aviateur justifie sa conduite en expliquant qu'il ne peut s'occuper de tous les paramètres en même temps, ce qui ne rassure en aucun cas ses passagers.

Il en va de même pour les entreprises : elles ne peuvent négliger certaines variables de leur management alors qu'elles espèrent pouvoir déterminer et contrôler la conjecture générale de leur organisation. Il est nécessaire, tout comme dans un avion, de disposer de plusieurs instruments de bord permettant d'identifier parfaitement notre objectif et la manière de l'atteindre.

La méthodologie du TBP est plus qu'un simple outil de mesure de la performance opérationnelle. La coexistence des quatre axes d'analyse ainsi que le rapport qui s'établit continuellement entre la vision actuelle et la future de l'entreprise constituent l'aspect dynamique du tableau de bord. Toutes les perspectives sont liées par une relation de cause à effet, parfois appelée « chaîne de causalité », qui détermine à terme les résultats finaux et permet d'expliquer les écarts observés entre les résultats réels et les objectifs initialement fixés. Le *balanced scorecard* est donc utilisé comme un véritable système de management stratégique sur le long terme.

Les créateurs de ce tableau ont identifié quatre domaines de performance interdépendants qui ont d'après eux un impact sur les performances d'une entreprise :

* **la dimension économique.** Comment sommes-nous perçus par nos actionnaires ?
* **la dimension clients.** Est-ce que nos partenaires sont satisfaits ?
* **la dimension organisationnelle interne.** Dans quel domaine excelle-t-on en interne ? Quelles sont nos forces ? Quels processus organisationnels doivent être mis en place pour concrétiser les ambitions de l'entreprise ?
* **la dimension croissance, apprentissage et innovation.** Qu'est-ce que l'entreprise met en place pour soutenir et développer sa capacité d'adaptation, d'innovation et de croissance ?

Le tableau de bord prospectif

Chaque perspective comprend des indicateurs :

- des indicateurs de moyens qui calculent les ressources nécessaires à la réalisation de l'objectif ;
- des indicateurs de résultats, qui calculent les performances de l'entreprise à proprement parler.

DIMENSION FINANCIÈRE

Cette dimension est basée sur la conviction que l'objectif de long terme d'une entreprise est toujours de maximiser le rendement pour les actionnaires. Pour permettre cela, l'entreprise met donc en place différentes stratégies visant une croissance des revenus et de la productivité.

La plupart du temps, les objectifs financiers prônent :

- l'augmentation des revenus (le *cash-flow*, c'est-à-dire la liquidité générée par les activités d'une entreprise, le chiffre d'affaires, etc.) ;

- l'amélioration de la productivité et de la marge ;
- la réduction des coûts ;
- une utilisation des actifs efficace ;
- une gestion des risques optimale, etc.

Il est entendu que les objectifs de performance financière d'une entreprise varient fortement en fonction du stade de développement de celle-ci (stade de croissance, développement et maturité) et de ses objectifs stratégiques (augmentation des revenus et de la part de marché du produit, réduction des coûts et/ou augmentation de la productivité, amélioration de l'utilisation des actifs de l'entreprise et retour sur investissement).

DIMENSION CLIENTS

Cette dimension tend à offrir aux managers une vision globale des différentes activités de l'entreprise et des segments de consommateurs et des partenaires spécifiques à chaque activité. Elle doit permettre de mesurer, d'une part, l'appréciation des produits par le consommateur et d'autre part, l'efficacité des procédés commerciaux qui cherchent à répondre aux attentes et aux besoins du client.

L'entreprise adapte sa stratégie et prend les mesures qu'elle juge nécessaires pour tenter de devenir le *top of mind* (le leader sur un marché aux yeux du « client cible ») : elle se focalise tantôt sur la qualité et le prix, tantôt sur le produit, le service, etc.

Les indicateurs (de résultats et de moyens) les plus utilisés sont :

- la part de marché ;
- la fidélité des clients ;
- le nombre de nouveaux clients ;
- le niveau de satisfaction des clients ;

- la rentabilité par segment ;
- le bénéfice par client ;
- le nombre de plaintes, etc.

Idéalement, les entreprises doivent définir des indicateurs de performance et des objectifs dans chacun des domaines dans lesquels elles sont actives. Néanmoins, la plupart de ces indicateurs sont des indicateurs *ex post* (définis *a posteriori*). Pour y remédier, les managers doivent également se focaliser sur la création d'une proposition de valeur unique qui dépend souvent de trois variables :

- les attributs du produit ou du service ;
- la relation client ;
- l'image et la réputation.

Sur cette base, l'objectif des managers doit donc toujours être le développement d'une proposition de valeur supérieure à leurs clients cibles.

DIMENSION ORGANISATIONNELLE INTERNE (PROCESSUS INTERNES)

Cet axe apporte au manager une vision globale du fonctionnement interne de sa société. En effet, il permet, d'une part, d'identifier les processus internes qui génèrent, directement ou non, la satisfaction de la clientèle et d'autre part, de repérer les compétences-clés et les domaines dans lesquels l'entreprise excelle.

Chaque activité correspond à une chaîne de valeur par laquelle de la valeur est créée et délivrée aux clients. La prise en compte de la dimension organisationnelle assure que le manager organise les processus internes de manière cohérente par rapport aux objectifs de l'entreprise et aux attentes des clients.

Dans la plupart des entreprises, la chaîne de valeur est constituée :

- **des processus opérationnels,** qui se focalisent sur l'efficacité des processus actuels (efficience, délais, coûts, etc.) ;
- **des processus d'innovation,** qui ont un impact significatif sur la capacité d'innovation de l'entreprise. Ils se focalisent sur les besoins futurs des clients ainsi que sur la manière de créer des propositions de valeur uniques ;
- **des processus de livraison et de distribution,** qui se concentrent sur la manière dont les consommateurs entrent en contact avec l'entreprise et assurent que leur expérience en tant que client est optimale.

Cette dimension du tableau de bord prospectif, qui tient compte des performances des processus organisationnels de l'entreprise, a pour objectif de s'assurer que celle-ci s'aligne sur les attentes actuelles et futures des clients. Elle veille donc à définir des indicateurs relatifs aux processus d'innovation, aux processus opérationnels ainsi qu'aux processus de livraison et de distribution.

DIMENSION CROISSANCE, APPRENTISSAGE ET INNOVATION

Cette dimension est importante dans la mesure où elle tient compte de l'environnement qui doit être mis en place pour permettre le bon développement des trois autres dimensions. Elle part du principe que la capacité d'une entreprise à atteindre ses objectifs financiers, clients et processus, dépendra directement de sa capacité à innover, à déployer de nouvelles compétences et à se développer.

Dans cette optique, les indicateurs utilisés pour cette dimension sont principalement liés à trois grandes catégories :

- **le personnel.** Les compétences du personnel de l'entreprise ont un impact direct sur ses performances. Elles doivent donc répondre autant que possible aux besoins de l'entreprise (actuels et futurs). Les indicateurs les plus fréquemment utilisés sont relatifs à la satisfaction du personnel, aux besoins en formation, au taux de rotation du personnel, etc. ;
- **les systèmes d'information.** La capacité d'une entreprise à disposer des technologies de l'information adaptées est déterminante. Il est important de pouvoir analyser la cohérence entre les besoins de l'entreprise et les performances des technologies et des processus de traitement de l'information dont elle dispose ;
- **la cohérence organisationnelle**. L'adéquation des processus de décision avec les attentes et besoins des clients est primordiale pour qu'un personnel bien formé puisse être performant. Les membres du personnel doivent d'ailleurs rester le moteur de l'entreprise et être au centre des prises de décision. Ainsi, il est indispensable de créer un environnement cohérent qui permette aux employés de garder leur liberté d'action et leur autonomie de décision.

Le *balanced scorecard* garantit que les investissements nécessaires au niveau technologique, humain et en termes de processus soient envisagés et réalisés. Le fait de disposer d'indicateurs qui renseignent sur cet aspect d'une entreprise est crucial, car la croissance future de l'entreprise dépend directement de sa capacité à innover, à s'adapter et à générer des opportunités.

LIMITES DU MODÈLE

Bien que le tableau de bord prospectif ait été présenté comme un instrument de gestion et de contrôle d'une entreprise efficient et efficace, certains scientifiques experts en *dynamic system* (« système dynamique »), les Hollandais Henk Akkermans et Kim van Oorschot, et Barry Richmond (neuropsychologue américain, 1947-2002), émettent quelques réserves et interrogent la validité du modèle. Les limites du TBP sont ci-dessous synthétisées en trois points :

- **certaines parties prenantes sont négligées**. Le tableau de bord prospectif ne tient pas compte de toutes les parties prenantes d'une entreprise. Bien plus qu'une défaillance du modèle, c'est souvent d'un problème d'implémentation dont il s'agit. En effet, ceux qui mettent en place le *balanced scorecard* se bornent souvent à l'appliquer comme une « recette miracle ». Parce que le modèle se concentre avant tout sur les actionnaires et les clients, les managers peuvent avoir tendance à négliger les autres acteurs de l'entreprise, tels que les fournisseurs par exemple. Il convient dès lors que chaque entreprise considère ses propres spécificités lorsqu'elle élabore son tableau de bord prospectif ;
- **une relation de cause à effet inexistante**. L'une des hypothèses posées par le modèle de le *balanced scorecard* est qu'il existe un lien de cause à effet. Certains spécialistes tels que Barry Richmond critiquent la simplicité avec laquelle la relation de cause à effet est établie. Ils soutiennent également que le modèle est statique et qu'il ne prend pas vraiment en compte les projets futurs de l'entreprise ;
- **un environnement externe non intégré**. Même si le TBP intègre quelques variables externes à l'entreprise, celles-ci sont peu nombreuses. On constate en pratique que les indicateurs intégrés font,

dans la majorité des cas, uniquement référence à des éléments internes à l'entreprise, sous-estimant dès lors complètement l'impact de l'environnement dans lequel celle-ci évolue.

CONSEILS ET *BEST PRACTICES*

Dans leur best-seller *Le Tableau de bord prospectif* (1996), Norton et Kaplan présentent un plan de développement systématique du modèle en quatre étapes. Rappelons toutefois que chaque entreprise est unique et qu'il convient d'appliquer la méthodologie qui s'adapte le mieux aux différents systèmes.

Première étape – Traduction de la stratégie en objectifs stratégiques

Il est nécessaire de choisir l'unité opérationnelle, c'est-à-dire un département spécifique de l'entreprise, qui servira de base à l'élaboration du tableau de bord prospectif global. Pour permettre la formulation d'une stratégie autonome cohérente, il est fortement conseillé d'identifier une unité concernée par une chaîne de processus complète, incluant l'innovation, la production, le marketing, la vente et le service. En général, on considère qu'une unité opérationnelle, qui possède une stratégie pour accomplir sa mission, est un candidat acceptable pour un tableau de bord prospectif.

Une fois que l'unité opérationnelle a été sélectionnée, les responsables de celle-ci doivent eux-mêmes déterminer l'information essentielle au sein de leur département, ce qui permettra ensuite l'harmonisation des objectifs et des mesures adoptés par et pour l'ensemble de l'entreprise. Concrètement, il leur faut définir les objectifs financiers (notamment la croissance et la rentabilité), les valeurs et les perspectives de l'entreprise (de l'environnement à la sécurité et au personnel, en passant par l'innovation et la compétitivité) et enfin les relations entre les différentes parties prenantes (clients, fournisseurs, salariés, etc.).

Deuxième étape – Communication des objectifs et lien entre les indicateurs et les objectifs stratégiques

La deuxième étape s'organise en trois phases. La première consiste à présenter une ébauche du projet du TBP aux dirigeants de l'unité opérationnelle pour ouvrir le dialogue. Ce temps de réflexion et d'échange constructif entre les dirigeants et « l'architecte » (celui qui pilote le projet du TBP) permet à ce dernier de se rendre compte des préférences de l'équipe.

Après cette collecte d'informations, il est nécessaire de passer par une phase de synthèse pour établir une première liste d'objectifs potentiels du projet. Déjà à ce stade, il est fondamental d'analyser les relations de cause à effet entre les différents objectifs de l'entreprise.

La dernière phase de cette étape est la création d'un premier consensus du projet du tableau de bord prospectif. Chaque objectif est étudié séparément par le comité exécutif, qui identifie trois ou quatre objectifs par pilier (économique/financier, clients, processus internes et apprentissage/innovation), en vue de fournir une description détaillée des mesures possibles pour chacun d'eux. Une question domine toutes les autres à ce stade : si le projet et la stratégie sont efficaces, quels peuvent être les résultats potentiels pour les actionnaires, les clients, les processus internes et la croissance de l'entreprise ? Autrement dit, il s'agit de déterminer les relations de cause à effet de chaque stratégie/activité en fonction des différents objectifs stratégiques.

Troisième étape – Planification, détermination des cibles et alignement des objectifs stratégiques

Les dirigeants transmettent la synthèse rédigée lors de la précédente étape à chacun des sous-groupes afin de retravailler certaines formulations des missions, de confronter les idées, de définir les sources d'informations (et leur accès) nécessaires à l'application des mesures proposées et de préfigurer les impacts entre celles-ci.

L'architecte du projet choisit alors, avec son équipe, les mesures du TBP qui expriment le mieux les intentions stratégiques, à raison d'une par stratégie. Cela étant, certains indicateurs – le chiffre d'affaires, le chiffre de vente, etc. – sont communs à tous les TBP. Ce travail comprend la réalisation :

- d'une liste détaillée des objectifs par sous-groupe en fonction de l'axe dont ils ont la charge ;
- d'une figuration des moyens de quantification pour chaque mesure ;
- et d'un graphique exposant les relations entre les mesures et/ou objectifs selon les axes.

Le comité exécutif se réunit une deuxième fois avec tous les membres de la direction, les collaborateurs directs ainsi que tous les intermédiaires. Le but de cette séance est d'analyser à nouveau (cette fois avec un nombre de participants beaucoup plus élevé, surtout s'il s'agit d'une grande entreprise) le projet, les orientations stratégiques de l'entreprise ainsi que les objectifs et les mesures proposées pour le TBP. À partir de ces discussions et de ces analyses, une brochure informative est rédigée pour communiquer les nouvelles intentions et le contenu du tableau de bord prospectif à tous les salariés. L'enjeu principal est d'encourager les employés à se fixer des objectifs ambitieux pour chaque mesure proposée.

Quatrième étape – Encouragement du feedback et adaptation du processus

À ce stade, le projet du TBP est prêt, approuvé et connu par toute l'entreprise. Dorénavant, il faut convenir d'un plan de mise en œuvre des mesures pour concrétiser les objectifs définis lors des deux premières séances du comité exécutif. Le lien entre les mesures et les bases de données est un détail à ne pas négliger afin que tous les niveaux de l'entreprise soient tenus informés du TBP et puissent réfléchir à des prolongements possibles des premières mesures. Il est important d'adapter les indicateurs et les mesures mis en place sur la base du feedback reçu afin que le TBP soit efficace et fonctionnel.

Une troisième et dernière réunion du comité exécutif valide définitivement le projet, ses objectifs et ses mesures. Sont ici aussi établies les premières mesures et initiatives à lancer en vue d'atteindre les objectifs. À la fin de la rencontre, le comité communique également le programme définitif aux salariés et la manière dont il va être intégré au système de management de l'entreprise. Cette étape clôt le processus et rend le TBP effectif dans l'entreprise. Il est intégré au système de management afin de se focaliser sur les priorités désignées par celui-ci.

Conclusion

Cette description reprend étape par étape l'élaboration d'un tableau de bord prospectif. Il est évident que ce parcours varie en fonction de la typologie et surtout de la dimension de l'entreprise/organisation qui cherche à implémenter le modèle. De même, l'échéancier de la mise en place effective des mesures diffère selon les organismes, et ce en fonction des exigences des participants des réunions décisionnelles et des obstacles : dimension humaine (motivation, compétences et polyvalences des profils, consensus entre les membres, etc.), fiabilité des indicateurs et temps nécessaire à la collecte d'information.

De façon générale, Norton et Kaplan affirment qu'un projet de TBP s'étend sur 16 semaines. Ce laps de temps permet aux membres de l'équipe dirigeante de réfléchir – dès qu'ils en ont l'occasion, car ils ne travaillent pas à temps plein sur cette problématique – à l'évolution structurelle du projet, à celle de la stratégie et du système d'information ainsi qu'aux répercussions sur les processus de management.

ÉTUDE DE CAS – MICROSTART

Contexte

Ce cas pratique analyse l'entreprise *microStart*, une association sans but lucratif. Par définition, l'application du *balanced score-card* à *microStart* demandera de traiter la dimension financière de façon adaptée.

PRÉSENTATION DE L'ENTREPRISE

microStart est un organisme actif dans la micro-finance depuis 2010. L'entreprise aide des personnes exclues du système bancaire traditionnel à créer une activité indépendante. La création de *microStart* est inspirée de la formidable réussite de la *Grameen Bank* (fondée en 1976), que l'on doit à Muhammad Yunus (l'économiste bangladais né en 1940, qui reçut en 2006 le prix Nobel de la paix). Le modèle de la *Grameen Bank* a été adapté en Europe à la fin des années quatre-vingt par Maria Nowak (économiste spécialisée dans le microcrédit, née en 1935) qui crée en France l'*Association pour le Droit à l'Initiative Économique* (Adie) en 1989. L'Adie est aujourd'hui leader en Europe de l'Ouest.
En 2010, l'Adie et BNP Paribas Fortis, filiale belge du groupe BNP et première banque de Belgique, créent ensemble *microStart scrl-fs*, dont le programme pilote vise à apporter une réponse innovante aux créateurs d'entreprise bruxellois.

microStart, qui opère à Saint-Gilles et à Schaerbeek (deux communes de la région de Bruxelles), occupe 9 employés et 50 volontaires. À ce jour, 350 crédits (avec un taux de remboursement de 95 %) ont été octroyés par l'asbl.

La vision et les missions de l'asbl *microStart*, dont ont connaissance les membres de l'organisation ainsi que les bénéficiaires, sont les suivantes :

- **vision** : fournir un accès au crédit à ceux qui ont été exclus du système bancaire traditionnel et favoriser l'aide à la création et au développement des idées entrepreneuriales ;
- **missions** :
  - financer les micro-entrepreneurs exclus du système bancaire classique qui souhaitent créer ou développer une activité indépendante ;
  - accompagner les micro-entrepreneurs avant, pendant et après la création de leur entreprise pour en assurer la pérennité ;
  - contribuer à l'amélioration de l'environnement institutionnel du microcrédit et de la création d'entreprise.

Tableau de bord prospectif du *microStart*

Pour *microStart*, le tableau de bord prospectif est un outil de gestion et de programmation primordial. Utilisé quotidiennement, il joue le rôle de référence lors des prises de décisions importantes. Par ailleurs, l'organisation *microStart*, qui élabore sa stratégie sur le long terme, se focalise principalement sur les caractères innovants et humains pour déterminer son tableau de bord prospectif. Afin de fournir aux managers une vision globale de son activité, *microStart* présente ensuite ses missions et ses valeurs au moyen de nombreux indicateurs s'inscrivant dans les dimensions clients, processus interne et apprentissage. Naturellement, et comme c'est le cas pour toutes les organisations, *microStart* a également sans cesse besoin d'évaluer sa performance.

Grâce à l'analyse générale et croisée des quatre axes, nous parvenons à obtenir une évaluation complète de son activité. Chaque perspective présente plusieurs objectifs stratégiques qui se traduisent en activités, mesurées par des indicateurs qui ont été sélectionnés lors des différentes séances du comité exécutif.

- **Perspective financière.** *microStart* s'assure de l'efficacité de la gestion des coûts en mettant à disposition les ressources financières nécessaires aux crédits destinés au soutien des nouvelles activités.
  - Objectif(s) : rendre les ressources financières disponibles pour le crédit
  - Responsable(s) : scrl
  - Indicateurs utilisés et mis en place : taux de remboursement et portfolio
- **Perspective client.** *microStart* souhaite augmenter le nombre de ses clients, satisfaire les attentes des clients actuels (facilité de crédit, conditions de remboursement, commodité et respect des conditions, coaching et formation) et améliorer la situation économique, financière et sociale.
  - Objectif(s) : augmenter le nombre de clients, répondre aux attentes de ceux-ci, donner des formations
  - Responsable(s) : scrl
  - Indicateurs utilisés et mis en place : le nombre de clients actifs, la fidélité des clients, le nombre de plaintes, le nombre de nouveaux clients via le bouche-à-oreille, le nombre de clients formés, etc.

- **Perspective processus interne.** Les aspects les plus importants pour l'association sont dans ce cas le contrôle de la gouvernance, la responsabilité sociale et le passage homogène entre *microStart* et *microStart asbl*.
  - <u>Objectif(s)</u> : gouvernance et responsabilité sociale
  - <u>Responsable(s)</u> : scrl
  - <u>Indicateurs utilisés et mis en place</u> : le nombre de membres formés dans l'Assemblée générale
- **Perspective apprentissage et innovation.** *microStart* met un point d'honneur à garantir la formation de ses employés afin d'augmenter leur motivation et de développer une culture d'entreprise qui corresponde à la mission et à l'objectif stratégique de l'asbl.
  - <u>Objectif(s)</u> : motivation, diversité du personnel, formation
  - <u>Responsable(s)</u> : scrl et asbl
  - <u>Indicateurs utilisés et mis en place</u> : taux de turn-over du personnel, analyse de la satisfaction du personnel, nombre d'heures de travail prestées par le personnel bénévole

EN RÉSUMÉ

- Le tableau de bord prospectif (TBP) est un outil de stratégie et de management imaginé en 1992 par David P. Norton et Robert S. Kaplan.
- Le TBP est un nouvel instrument d'évaluation de la performance et d'amélioration du management en entreprise.
- Cette méthode innovante offre aux managers une vision globale de l'entreprise, puisqu'elle s'intéresse aux résultats financiers, aux clients, aux processus internes et à la notion d'apprentissage en sein de l'entreprise. L'analyse croisée des quatre axes invite les parties prenantes à se rendre compte de toutes les spécificités de l'entreprise afin qu'aucun aspect ne soit négligé.
- Toutes les perspectives sont reliées entre elles par une relation de cause à effet, et les résultats finaux sont calculés à partir d'indicateurs personnalisés qui traduisent les faits en chiffres.
- Le tableau de bord prospectif est utilisé comme un véritable système de management stratégique de long terme.
- Certains économistes relèvent les limites du modèle : certaines parties prenantes seraient négligées, la relation de cause à effet serait inexistante et l'environnement externe non intégré.

SOURCES BIBLIOGRAPHIQUES

- AKKERMANS (Henk) et VAN OORSCHOT (Kim), « Relevance Assumed : A Case Study of Balanced Scorecard Development Using System Dynamics », in *Journal of the Operational Research Society*, 56(8), 2005, p. 931-941.
- VISSCHER (A. de), ROBBERECHTS (M.), SHYIRAMBERE (J.), « The Key Performance Indicators for microStart Social Performance and Impact Analysis », rapport de *microStart*, 2013.
- GUILLOT (Lionel), *Le Balanced Scorecard*, consulté le 16 juin 2014. http://lionelguillot.typepad.com/scmblog/files/rapport_bsc.pdf
- KAPLAN (Robert S.) et NORTON (David P.), *The Balanced Scorecard : Translating Strategy Into Action*, Boston, Harvard Business School, 1996.
- KAPLAN (Robert S.) et NORTON (David P.), *Le Tableau de bord prospectif. Pilotage stratégique : les 4 axes du succès*, Paris, éditions d'Organisation, 1998.
- OLVE (Nils-Göran), PETRI, (Carl-Johan), ROY (Jan) et ROY (Sofie), *Making Scorecards Actionable : Balancing Strategy and Control*, Chinchester, Wiley, 2003.
- RICHMOND (Barry), « System Dynamics/ Systems Thinking. Let's Just Get On With It », in *System Dynamics Review*, n° 10 (2-3), 1994.
- TONCHIA (Stefano) et QUAGINI (Luca), *Performance Measurement. Linking Balanced Scorecard to Business Intelligence*, Berlin, Springer, 2010.

www.50minutes.com

Éditeur responsable : Lemaitre Publishing
Rue Lemaitre 6 | BE-5000 Namur
info@lemaitre-editions.com

ISBN ebook : 978-2-8062-5712-3
ISBN papier : 978-2-8062-5713-0
Dépôt légal : D/2014/12603/118
Photo de couverture : © alphaspirit

Conception numérique : Primento,
le partenaire numérique des éditeurs